APOLENARIS

Marie Bauer

als Zeichen des Dankes

für Ihren Einsatz im Kindergarten

zum 40. Geburtstag

von der Ev. Kirchengemeinde.

Pfarrer A. [illegible]

Waldenburg, am 5. III. 1994

Friedrich Delius

Wegweiser des Glaubens

Zeichen und Symbole in der Bibel mit Abbildungen von Mosaiken

Agentur des Rauhen Hauses Hamburg

Vorwort

Die Bibel ist ein Bilderbuch des Unaussprechlichen und ein Wörterbuch des Unvorstellbaren.
Bilder und Symbole sind es, mit denen die Bibel das Unaussprechliche und das Unvorstellbare umreißt. Doch jedes Symbol, jedes Bild ist doppeldeutig: Es besteht die Gefahr, daß wir das Zeichen und „die Sache", auf die es zeigt, verwechseln. Dann geht es uns, als ob wir auf einer Reise den „Wegweiser", auf dem das Ziel geschrieben steht, mit eben diesem Ziel verwechseln. Davor warnt zu Recht das Bilderverbot der Bibel.
Doch Jesus selbst benutzt Bilder: Wenn er von Gott spricht, so erzählt er vom Richter, vom König, vom Vater, vom Sämann. Gott ist mehr als jedes dieser Bilder. Er ist mehr als alle diese Bilder zusammen. Jesus erzählt von ihm in Geschichten aus dem Alltag dieser Welt. Und in diesen ganz alltäglichen Bildern und Zeichen können wir den unaussprechlich großen Gott erkennen.
Neun der „alltäglichen Wegweiser" sollen auf den nächsten Seiten betrachtet werden: Sie weisen hin auf Gott und uns Menschen, auf Schuld und Heil, auf Tod und Leben. Sie weisen den Weg — gehen müssen wir ihn schon selber.

Geführt zum frischen Wasser
Psalm 23,2

„Am Anfang schuf Gott Himmel und Erde. Und die Erde war wüst und leer, und es war finster auf der Tiefe; und der Geist Gottes schwebte auf dem Wasser“, heißt es am Anfang der Bibel.
So waren denn im Anfang nur das Wasser und der Geist Gottes. Wasser — Urelement des Lebens. Aus dem Wasser, so sagt die Wissenschaft, ist das Leben gekommen, hat die Erde erfüllt. Für die Nomaden des Alten Testaments ist die Oase, das Wunder des Wassers, mitten in der Wüste, Bild des Paradieses und des Lebens. Bis heute ist der erquickende Schluck kühlen Wassers Inbegriff des Lebens.
Doch dem Wasser muß eine Grenze gesetzt werden, sonst wird es zur tödlichen Gefahr. Der zweite Schöpfungsakt Gottes ist es, diese Grenze zu ziehen: „Und Gott machte die Feste und schied das Wasser . . . und Gott sprach: Es sammle sich das Wasser unter dem Himmel an besondere Orte, daß man das Trockene sehe.“
Menschliche Schuld ist es, die diese göttliche Grenzziehung in Gefahr bringt. In der Sintflut geht Gottes gute Schöpfung unter. Doch mitten in diesem Chaos der her-

einbrechenden Wassermassen ist Gottes rettendes Handeln am Werk: In der Arche rettet er Noah und mit ihm seine geliebten Menschenkinder.
Und dieses Bild nehmen die ersten Christen auf: Christus selbst hat ihnen das Zeichen der Taufe, der „Tauche im Wasser“ gegeben als wirksames Zeichen seiner rettenden Gegenwart. Ins Wasser des Todes steigt der Täufling hinab, hat teil am Tode Jesu; doch aus dem Wasser des Lebens steigt er herauf zu Gottes ewigem Leben — schon jetzt hier mitten in der Welt.
Denn wer von dem Wasser trinkt, das der auferstandene Herr den Seinen gibt, „den wird in Ewigkeit nicht dürsten, sondern das Wasser, das ich ihm geben werde, das wird ihm eine Quelle des Wassers werden, das in das ewige Leben quillt“.

„Lebendig Wasser quillet aus Gottes Brünnlein klar,
die Durstgen labt und stillet, heilt alles Volk fürwahr.
Der Herr hat angeschauet, die saßen im Elend,
sein Reich er wieder bauet durchs Wort und Sakrament.“
Otto Riethmüller (1927)

Die Frucht der Gerechtigkeit
Sprüche 11,30

Es ist eine sehr alte Geschichte, die Geschichte von der Frucht, die Erkenntnis bringt und zugleich die Sünde. Adam und Eva essen davon. Ihre Augen werden aufgetan — und sie erkennen, was sie trennt; sie erkennen, daß sie nackt sind, und sie schämen sich.

Der Apfel, die Frucht — Zeichen und Symbol der Fruchtbarkeit und des Lebens, der Unsterblichkeit und des Todes zugleich.

In der alten griechischen Sage sind es die Äpfel der Hesperiden, die Unsterblichkeit verleihen. In unseren deutschen Märchen ist es der Apfel, in dem Schneewittchen das — fast — tödliche Gift gereicht wird. Gute Frucht — schlechte, böse Frucht. Da scheiden sich die Menschen, da scheidet sich die Welt.

Die Frucht, die Menschen einander reichen, ist das Zeichen der Liebe, denn aus der Frucht wächst neues Leben hervor. Davon erzählt das Hohelied Salomos: „Mein Freund erquickt mich mit Traubenkuchen und labt mich mit Äpfeln; denn ich bin krank vor Liebe." Doch diese Liebe ist — hier auf der Erde unter uns Menschen — immer gefährdet, gebrochen. Und so kann dann die Frucht,

die doch Leben bringen soll, auch den Tod bringen, die Trennung, die Sünde.
Doch die Frucht liegt auch in der Hand Christi oder in der Hand Marias. Da wird sie zum Zeichen der ewigen Macht. Da wird sie zum Zeichen des kommenden Heils. Wir werden wieder essen von den Früchten vom Baum des Lebens – einmal in der Zukunft, in Gottes ewigem Reich.
„Und er zeigte mir einen Strom lebendigen Wassers, klar wie Kristall, der ausgeht von dem Thron Gottes und des Lammes; mitten auf dem Platz und auf beiden Seiten des Stromes Bäume des Lebens, die tragen zwölfmal Früchte, jeden Monat bringen sie ihre Frucht, und die Blätter der Bäume dienen zur Heilung der Völker" (Offenbarung 22,1 und 2).

„Öffne uns die Ohren und das Herz,
daß wir das Wort recht fassen,
in Lieb und Leid, in Freud und Schmerz
es aus der Acht nicht lassen;
daß wir nicht Hörer nur allein
des Wortes, sondern Täter sein,
Frucht hundertfältig bringen."
David Denicke (1659)

Schlange — aufgerichtet zum Leben
4. Mose 21,9

Unheimlich und faszinierend zugleich ist die Schlange. Das tödliche Gift ihres Bisses; die lautlose Fortbewegung; das scharfe Zischen im Angriff. Gebannt bleibt das Opfer sitzen und wartet auf das Ende unter ihrem kalten Blick.

Klug ist die Schlange und listig. Sie greift nicht an — nein, sie lauert auf, bis das Opfer nahe genug herangekommen ist. Eva selbst strickt sich im Paradies die Schlinge, in der sie sich fangen wird. „Sollte Gott gesagt haben . . .?", eine harmlose Frage — halbwahr, halbfalsch, halboffen . . . Klug ist die Schlange. So klug, daß sie im Wort Jesu sogar Vorbild werden kann: „Seid klug wie die Schlangen." Doch das Wort bedarf der Ergänzung: „Und ohne Falsch wie die Tauben." Denn die Schlange ist falsch, listig. Es ist die kalte, berechnende Klugheit — ohne Liebe. „Schlangen und Otternbrut!" schleudert deshalb Jesus den heuchlerischen Schriftgelehrten entgegen, die das Wort Gottes zum eigenen Vorteil und Interesse zurechtbiegen.

Denn der Teufel selbst ist die „alte Schlange". Ohne Beine bewegt sie sich fort, legt Eier wie die Vögel, läßt sie aber

durch die Sonnenwärme ausbrüten; und sie streift ihre Haut ab — immer wieder. Nicht zu verstehen und unheimlich, bedrohlich.
Doch das tödliche Gift kann auch heilende Kräfte freisetzen. Und so wird das tödliche Reptil zugleich zum Zeichen des Heilens. Schon vor Jahrtausenden taucht der Stab mit der Schlange als Zeichen der heilenden Kunst auf. Und so errichtet Mose in der Wüste die „eherne Schlange" als Heil- und Hilfsmittel gegen das tödliche Schlangengift. Sie kann zum Bild des Kreuzestodes Jesu selbst werden: „Wie Mose in der Wüste die Schlange erhöht hat, so muß der Menschensohn erhöht werden, damit alle, die an ihn glauben, das ewige Leben haben."
Die Schlange als Hüterin der Unterwelt, des Todesreiches. Wir kennen sie aus den Märchen, wo sie in der Gestalt ihres Bruders, des Drachen, den Schatz, den Eingang zu dem Wunderbaren bewacht — und jeden tötet, der sich ohne die geheimen Kenntnisse zu nähern wagt.
Doch der eine hat den „Kopf der alten Schlange zertreten", hat den Tod überwunden.
Was bleibt, ist das Symbol der Schlange in der Hand des Hirten der Herde: Im Krummstab des Bischofs ringelt sich die besiegte Schlange, Zeichen des Heils und des Sieges.

Verworfener Eckstein

Psalm 118,22

Hart, schwer, unbeweglich – geschaffen vor Ewigkeiten für Ewigkeiten. Zeichen der Dauer, der Ewigkeit selbst. Was die Zeiten überdauern soll, muß aus Stein sein. Steinmale richten die Alten an wichtigen Orten zu ewigem Andenken auf. Aus künstlichem Stein, aus Ziegel, wollen sie den Turm bauen, der ihren Namen verewigen soll – doch der Turm zerfällt. Aus ewigem Stein aber sind die Tafeln, auf denen Gottes Wille für sein Volk eingehauen ist.

Doch die Härte des Steins macht ihn auch gefährlich: Einen Stein schleudert der Knabe David dem Kämpfer Goliath in die Stirn, um ihn zu fällen; ein kleiner Stein fällt vom Himmel und zerschlägt die tönernen Füße der Weltmacht in Daniels Vision.

Da wird der Stein zum Stein des Anstoßes, der verletzt, zermalmt, tötet. Das drückt sich aus im furchtbaren Tod durch Steinigung: Tödliche Steine werden auf den Verurteilten geworfen, bis dieser begraben ist unter einem Hügel von Steinen – auf ewig begraben.

„Mach Brot aus Steinen", fordert der Versucher den hungrigen Jesus in der Wüste auf. Wohl kann er es, doch Jesus lehnt ab — er weiß, daß Gott seinen Kindern das Brot gibt, das sie brauchen, denn Gott ist besser als der Mensch, der „seinem Sohn, wenn er ihn bittet um Brot, einen Stein biete".

Doch auch die Härte des Steins kann nicht bestehen vor Gott: Auf sein Wort hin zerspringt der Stein und spendet frisches, kühles Wasser für das durstige Volk unter dem Stockschlag des Mose.

So kann auch das Felsengrab den Auferstehenden nicht halten. Vor ihm springt Fels und Stein. Und weil der Stein vor ihm nicht bestehen kann, deshalb wird er auch das „steinerne Herz" der Menschen verwandeln in ein fühlendes Herz von Fleisch und Blut.

„Geuß sehr tief in das Herz hinein,
du leuchtend Kleinod, edler Stein,
mir deiner Liebe Flamme,
daß ich, o Herr, ein Gliedmaß bleib
an deinem auserwählten Leib,
ein Zweig an deinem Stamme.
Nach dir wallt mir
mein Gemüte, ewge Güte,
bis es findet
dich, des Liebe mich entzündet."
Philipp Nicolai (1599)

TES TRICOFMSES
LOCVILLVŌ·BA

Bekehrt zum Hirten der Seelen
Hebräer 12,22

Hirtenfürsten waren die Väter der Vorzeit. Als Nomaden zogen sie mit ihren Herden von Wasserstelle zu Wasserstelle, von Flußaue zu Flußaue. Ihre Herde ist ihr Reichtum; sie leben von den Tieren, von ihrer Milch, ihrem Fleisch, ihren Fellen. Doch die Herde lebt auch von ihnen, von ihrer Fürsorge, ihrer Umsicht, ihrer Erfahrung. Dieses gegenseitige Abhängigkeitsverhältnis ist es, das das Bild vom Hirten prägt.

Abraham ist Hirte, Isaak, Jakob. Ihr Opfertier ist das Lamm, das Ziegenböcklein — es ist ihr wertvollster Besitz. Ein Hirte ist auch David, der zum großen König werden soll. Als Samuel nach Bethlehem kommt, um den neuen König zu salben, ist der Knabe auf dem Feld bei den Herden.

So kann der Hirte zum Bild Gottes selbst werden. „Der Herr ist mein Hirte. Mir wird nichts mangeln." So beginnt der wohl bekannteste Psalm des Alten Testaments: der Hirte als Bild der Fürsorge und des Schutzes für den Schwachen.

Und weil Gott selbst der Hirte seiner Herde ist, wird der Hirte auch das Vorbild des Königs: verantwortliche Aus-

übung der Macht im Wissen um die eigene Abhängigkeit.

Der Messias erscheint im Bilde des Hirten. „Er wird seine Herde weiden wie ein Hirte. Er wird die Lämmer in seinem Arm sammeln und im Bausch seines Gewandes tragen und die Mutterschafe führen."

So kann dann auch der Messias, als er kommt, von sich sagen: „Ich bin der gute Hirte."

Hirten standen an seiner Krippe und beteten an; zum Hirten setzt er seine Jünger ein.

Sie mögen sich bis heute Pastoren, d. h. Hirten nennen: *Er* bleibt der „Hirte ihrer Seelen", der sie auf gute Weide führen wird. Er, der selbst das Opferlamm wurde, das der Welt Sünde getragen hat. Hirte und Lamm zugleich; Herr und Knecht; Weltherrscher und Gekreuzigter.

„Der gute Hirte läßt sein Leben für die Schafe."

„Der Herr ist mein getreuer Hirt, hält mich in seiner Hute,
darin mir gar nicht mangeln wird jemals an einem Gute.
Er weidet mich ohn Unterlaß,
da aufwächst das wohlschmeckend Gras
seines heilsamen Wortes."
Adam Reusner (1531)

Die milde Hand Gottes

Psalm 104,28

„Vater, in deine Hände befehle ich meinen Geist“
Aus den Himmeln fährt die Hand herab — hinweisend, zurechtweisend, eingreifend, einladend, segnend.
Unbegreiflich in ihrer Vielfalt ist die menschliche Hand, in ihrer Beweglichkeit und ihrer Kraft. An der Hand des Vaters oder der Mutter lernen wir die ersten Schritte tun; mit der Hand lernen wir diese Welt zu be-„greifen“. Die Hand ist aber auch Zeichen im Umgang miteinander: Wir strecken einander die offene Hand zum Gruß entgegen — uraltes Zeichen, daß dies Gegenüber ohne Waffe uns entgegentritt in friedlicher Absicht.
Die leere Hand halten wir auf, damit sie uns erfüllt wird. Die Hand heben wir zum Schwur, weisen mit den erhobenen Finger auf Gott, der als Zeuge unseres Eides angerufen wird. Vielfältig sind deshalb auch die Bedeutungen der Hand in der Sprache der Sklaverei Ägyptens; wehe dem, gegen den sich die Stärke dieser Hand wendet! Dann „macht die Hand Gottes einen schweren Schrecken“, vor dem kein Irdischer bestehen kann. „Schrecklich ist's in die Hand des lebendigen Gottes zu fallen.“ Doch dieselbe Hand Gottes schafft auch das Le-

ben: „Wenn du ihnen gibst, so sammeln sie; wenn du deine milde Hand auftust, so werden sie mit Gutem gesättigt."

So kann denn die Hand Gottes zugleich Zeichen seines — unsichtbaren — Geistes werden: „Du bist mit Gaben siebenfalt der Finger an Gotts rechter Hand" singt Martin Luther vom Heiligen Geist.

Und diese gewaltige, lebenspendende Hand wird dann am Karfreitag ans Kreuz geschlagen, durchbohrt von Nägeln menschlicher Schuld. Aber der Auferstandene hebt diese — durchbohrte, verwundete — Hand segnend über seine Jünger; er streckt die Hand aus, legt sie auf das Haupt und vermittelt damit seinen Segen, seine ungeteilte Gegenwart und Zuwendung.

Herr, du bist Gott!
In deine Hand, o laß getrost uns fallen.
Wie du geholfen unserm Land,
so hilfst du fort noch allen,
die dir vertraun und deinem Bund
und freudig dir von Herzensgrund
ihr Loblied lassen schallen.
Friedrich Oser (1820—1891)

Erlösung durch sein Blut

Epheser 1,7

Seit alters her ist das Blut Sinnbild für Lebenskraft; Sitz auch der Seele. Ja, das pulsierende Blut kann Symbol des ganzen, des heilen, des lebendigen Menschen werden. „Was nützt dir mein Blut, wenn ich zur Grube fahre? Wird dir auch der Staub danken und deine Treue verkündigen?" klagt der Beter vor Gott, dem Tode nahe.

Und so ist das vergossene Blut Zeichen für die große Schuld: „Die Stimme des Blutes deines Bruders schreit zu mir!" Das ist Gottes Anklage gegen Kain. Vergossenes Blut schreit nach Rache; zerstörtes Leben will Leben zerstören. „Wer Menschenblut vergießt, dessen Blut soll auch durch Menschen vergossen werden!" heißt deshalb Gottes drohende Ankündigung in seinem Bund mit Noah.

Vergossenes Blut — Zeichen der Schuld. Es macht den Menschen unrein. Und so entstehen viele der Vorschriften und Gesetze des alten Bundes: Blut darf nicht genossen oder verzehrt werden; beim Schlachten ist das Tier durch Schächten und Ausbluten zu töten. Wer mit fließendem Blut Berührung hatte, darf für eine Zeit der Reinigung nicht am Gottesdienst teilnehmen. Und so ist

denn auch die Frau, die am Blutfluß leidet, seit Beginn ihrer Krankheit ausgeschlossen aus der Gemeinde — bis Jesus sich ihr heilend zuwendet. Dabei war er selbst nach den strengen Vorstellungen des jüdischen Gesetzes durch die Berührung der Frau unrein geworden.

Doch in Jesu abweichendem Verhalten kommt zugleich die ganz andere, heilende Kraft des Blutes zum Ausdruck. Schon seit alters her hat das beim Opfer vergossene Blut heiligende und heilende Kraft. Indem das Tier sein Blut beim Opfer vergießt, werden die bösen, blutgierigen Mächte der Rache besänftigt. Blut steht hier für Blut; das sterbende Tier tritt ein mit seinem Leben, damit der Mensch leben kann.

So findet denn auch Jesu Opfer am Kreuz sein tiefgründigstes Zeichen in dem vergossenen Blut. Indem er sein — schuldloses — Leben hingibt, gewinnen die Schuldigen Vergebung. Und mehr noch: Jesus selbst gibt seinen Jüngern im Abendmahl Anteil an dem heiligenden und heilenden Blut: „Er nahm den Kelch und dankte, gab ihn den Jüngern und sprach: Trinket alle daraus; das ist mein Blut des Bundes, das vergossen wird für viele zur Vergebung der Sünden."

Das Feuer soll nicht brennen
Jesaja 43,2

Prometheus war es, der in der alten griechischen Sage das Feuer der Götter vom Himmel herab auf die Erde holte. Bitter mußte er dafür büßen. Doch den Menschen machte er durch dieses Geschenk zum Menschen.
Das Feuer ist beides: Leben und Tod. Das wärmende Herdfeuer war den alten Germanen heilig, denn es vertrieb die bösen Geister. Ohne Feuer ist der Mensch der tödlichen Kälte schutzlos ausgeliefert.
Doch ist das Feuer, außer Kontrolle geraten, selbst tödlich. Im Feuersturm gehen Sodom und Gomorra unter und werden damit zum Urbild des zerstörenden, vernichtenden Feuers. In der Hölle, der ewigen Verdammnis, wird dieses Feuer rasen — grenzenlos.
Die Feuersäule der Wüstenwanderung wird Israel zum Heilszeichen, seinen Feinden zum Zeichen der Zerstörung. In ihr ist Gott selbst.
So ist das Feuer selbst heilig. Es gehört zum Opfer, wenn die Opfergabe im Rauch des Feuers aufsteigt zu Gott. Und auch Gott selbst begegnet Mose im Feuer des brennenden Dornbusches — er brennt, doch er verbrennt nicht. Denn Gottes Feuer ist das lebenspendende Feuer.

So kommt denn Gottes guter Geist auch im Feuer auf die Jünger herab. „Es erschienen ihnen Zungen zerteilt, wie von Feuer; und er setzte sich auf einen jeden von ihnen.“
Das brennende Feuer, es reinigt, brennt das Wertlose, das Schädliche weg und läßt nur das Feste, das Bewährte übrig. Geläutert werden die edlen Metalle im Feuer. Und so wird das Feuer denn auch zum Symbol für die Bewährung des Christen im Leiden.
Wie in den alten Sagen der Vogel Phönix aus der Asche des vernichtenden Feuers aufsteigt, da er selbst das Leben ist, so wird auch der Mensch, der zu Gott gehört, unbeschadet durch das Feuer der Vernichtung — auch über den Scheiterhaufen der Verfolger — schreiten — hinein in das feurige Licht der göttlichen Herrlichkeit.

„Komm, heiliger Geist, erfüll die Herzen deiner Gläubigen und entzünd in ihnen das Feuer deiner göttlichen Liebe,
der du in Mannigfaltigkeit der Zungen die Völker der ganzen Welt versammelt hast in Einigkeit des Glaubens. Halleluja.“
Hrabanus Maurus (um 845)

. . . bringen zum heiligen Berg
Psalm 43,3

Auf den Bergen wohnen die Götter – ob es der Olymp, der heilige Berg der Griechen ist, oder der Fuji, Wohnsitz der Götter und damit selbst Gott vor den Toren Tokios. Doch anders die Bibel: Auch die Berge sind hier Geschöpfe. „Ehe denn die Berge wurden und die Erde und die Welt geschaffen wurden, bist du, Gott, von Ewigkeit zu Ewigkeit." Nichts Göttliches ist an den Bergen.
„Ich hebe meine Augen auf zu den Bergen. Woher kommt mir Hilfe? Meine Hilfe kommt vom Herrn, der Himmel und Erde – und eben auch die Berge – gemacht hat."
Wie die anderen Geschöpfe stehen die Berge dabei: „Als Israel aus Ägypten zog, das Haus Jakob aus dem fernen Land, da hüpften die Berge wie Lämmer, die Hügel wie junge Schafe."
Doch wer sich die Mühe unterzieht, auf den Berg – hinauf in die Einsamkeit – zu steigen, dem mag dort Gott selbst begegnen.
Auf dem Berge tritt Gott Mose gegenüber und gibt ihm sein Gesetz. Auf dem Berg erscheint Gott in seiner ganzen Herrlichkeit dem Propheten Elia. Auf dem Berge

EXTENDAS · MANV
RVM

wird Jesus verklärt. Auf dem Zionsberg ist der Tempel selbst gebaut.
So werden auf dem Berge die Opfer dargebracht: Auf den Berg Morija steigt Abraham gemeinsam mit seinem Sohn Isaak – um ihn von Gott durch den Verzicht auf das Menschenopfer neu geschenkt zu bekommen; auf dem Berg Karmel findet Elias „Opferwettstreit" mit den Baalspriestern statt, aus dem Jahwe als der überlegene Sieger hervorgeht. Auf dem Berg Golgatha, vor den Toren des heiligen Jerusalems, findet schließlich das Opfer Gottes selbst statt: Er opfert sich für seine Menschen. Von diesem Berg her kommt uns die Hilfe, weil Gott selbst auf diesem Berg unsere Hilfe wird.

„Ich heb mein Augen sehnlich auf
und seh die Berge hoch hinauf,
wann mir mein Gott vom Himmelsthron
mit seiner Hilf zustatten komm.
Mein Hilfe kommt mir von dem Herrn,
er hilft uns ja von Herzen gern!
Himmel und Erd hat er gemacht,
hält über uns die Hut und Wacht."
Kornelius Becker (1602)

Um die Texte zu den einzelnen Symbolen nicht zu unterbrechen, ist auf eine Angabe der Bibelstellen verzichtet worden.
Statt dessen werden hier sowohl die wörtlich zitierten als auch die inhaltlich wiedergegebenen Bibelstellen in Übersicht zusammengestellt:

WASSER: Psalm 23,2/1. Mose 1,1+2/1. Mose 2,4—15; 1. Mose 1,7+9/ 1. Mose 7 und 8/Markus 1,9—11/Römer 6/Matthäus 28,16—20/ Johannes 4,14

FRUCHT: Sprüche 11,30/1. Mose 3/Matthäus 7,15—20/Hohelied 2,5/ Römer 6,23/Offenbarung 22,1+2

SCHLANGE: 4. Mose 21,9/1. Mose 3/Matthäus 10,16/Matthäus 23,33/ Offenbarung 12,9/4. Mose 21/2. Könige 18,4/Johannes 3,14+15/ 1. Mose 3,15/Lukas 10,19/Apostelgeschichte 28

STEIN: Psalm 118,22/1. Mose 28,10—18/1. Mose 11/2. Mose 24 und 31,18/ 1. Samuel 17/Daniel 2,34/Psalm 118/Apostelgeschichte 7,54—60/ Matthäus 4,3/Matthäus 7, 9—11/2. Mose 17/Matthäus 28/Hesekiel 11,19

HIRTE: Hebräer 12,22/1. Mose 12 bis 50/1. Samuel 16/Psalm 23/ Jeremia 3,15/Jesaja 40,1—11/Johannes 10,11/Lukas 2/Johannes 21/ Hebräer 12/Johannes 10,14

HAND: Psalm 104,28/Lukas 23,46/1. Sam. 5,11/Hebräer 10,31

BLUT: Epheser 1,7/3. Mose 17,11/Psalm 30,10/1. Mose 4,10/1. Mose 9,6/ 3. Mose 17,10—16/Matthäus 9,20—22/2. Mose 12 und 13/ 1. Johannes 1,7/Matthäus 26,27+28/1. Korinther 11,23—26

FEUER: Jesaja 43,2/1. Mose 19/Lukas 16,24/2. Mose 13,17—22/ 2. Mose 3/Apostelgeschichte 2/Psalm 66,10/Daniel 3/ Hebräer 11,33+34/Offenbarung 15,2

BERG: Psalm 43,3/Psalm 90,2/Psalm 121,1+2/Psalm 114,1+4/ 2. Mose 24,12+13/1. Könige 19/Matthäus 17,1—13/1. Mose 22/ 1. Könige 18/Matthäus 27,31—50

Der Autor, Friedrich Delius, ist Pastor in Hamburg-Langenhorn.

Bildnachweis:
Titel: Der Schöpfer heftet die Sonne an das Firmament, Monreale, Kathedrale, 12. Jahrhundert.
Vorsatz: Der heilige Apollinaris, Ravenna, San Apollinare in Classe, Mitte 6. Jahrh.
S. 5: Zwei der vier Paradiesflüsse, Ravenna, San Vitale, 6. Jahrh.
S. 9: Einzelheit der Dekoration „Frucht“, Ravenna, Mausoleum di Galla Placidia, 5. Jahrhundert.
S. 11: Das Böse überredet Eva, Monreale, Kathedrale, 12. Jahrh.
S. 15: Ausschnitt aus: Der Turmbau zu Babel, Monreale, Kathedrale, 12. Jahrh.
S. 17: Darstellung des guten Hirten, Ravenna, Mausoleum di Galla Placidia, 5. Jahrh.
S. 21: Ausschnitt aus dem Titelbild, Der Schöpfer heftet die Sonne an das Firmament.
S. 23: Abels Blut schreit nach Rache, Monreale, Kathedrale, 12. Jahrh.
S. 27.: Sodoms Brand; Das Weib Lot wird zur Salzsäule, Monreale, Kathedrale, 12. Jahrh.
S. 29: Isaaks Opfer, Monreale, Kathedrale, 12. Jahrh.
Nachsatz: Der Turmbau zu Babel, Monreale, Kathedrale, 12. Jahrh.
Rücktitel: Trinkende Tauben, Ravenna, Mausoleum di Galla Placidia, Mitte 5. Jahrh.

Wir danken dem Kirchlichen Kunstdienst Hamburg, für die freundliche Unterstützung.

Grafische Gestaltung: Hans-H. Holm, Hamburg
Satz: Partner Satz GmbH, Hamburg
Schrift: Garamond
Lithos: Umschlag: Reproduktionsanstalt Neumünster
Inhalt: Scan-Team Repro GmbH, Hamburg
Druck: Offizin Paul Hartung, Hamburg
Der Umwelt zuliebe gedruckt auf chlorfrei gebleichtem Papier
ISBN 3 7600 0604-3
Best.-Nr. 1 1552-6

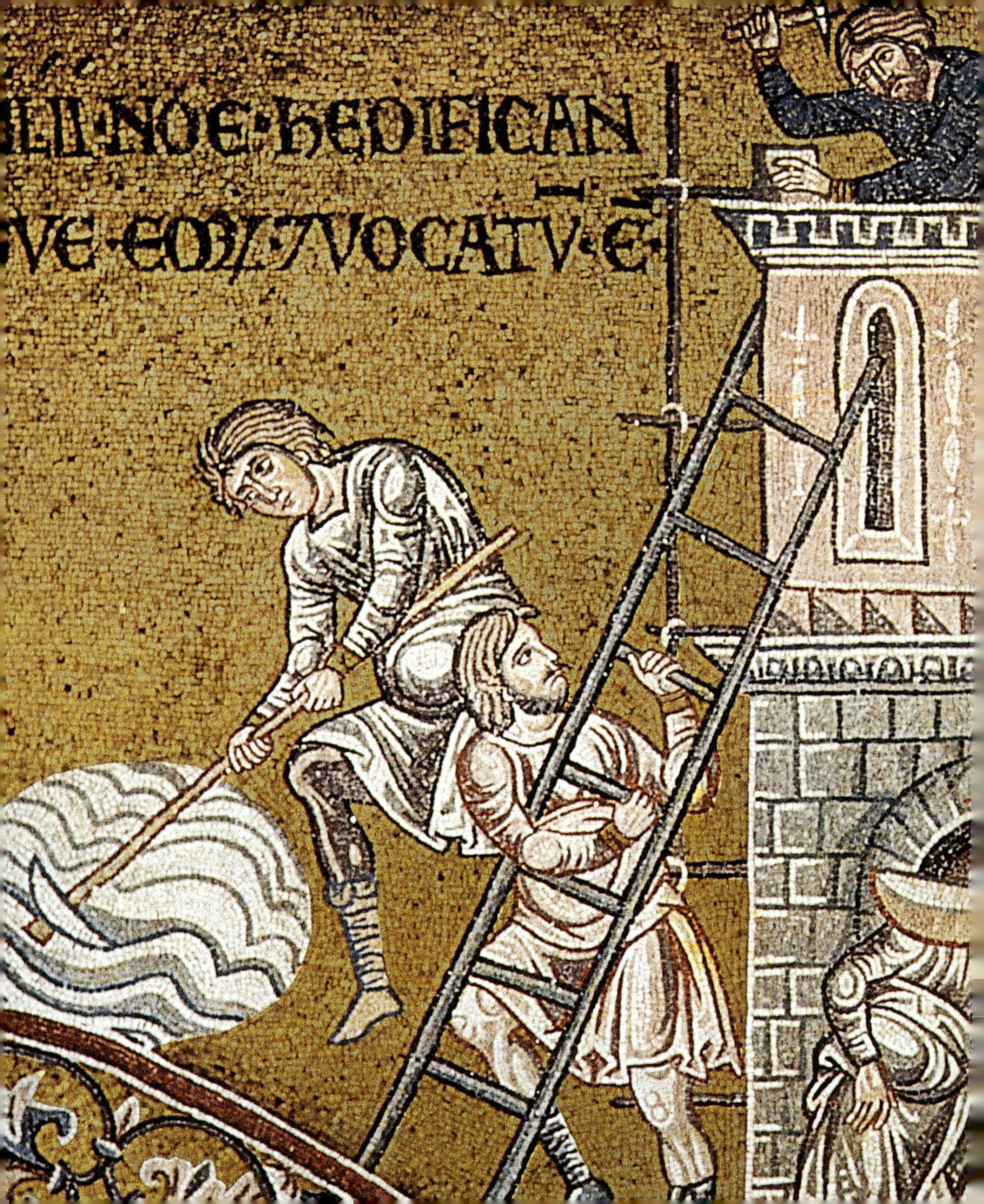
LII·NOE·HEDIFICAN
VE·EOR·VOCATV·E·